NOTE HISTORIQUE

SUR

LES DIVERSES ESPÈCES DE MONNAIE

QUI ONT ÉTÉ USITEES EN CORÉE

PAR

M. MAURICE COURANT

INTERPRÈTE DE LA LÉGATION DE FRANCE À PÉKING

EXTRAIT DU JOURNAL ASIATIQUE

PARIS

IMPRIMERIE NATIONALE

M DCCC XCIII

NOTE HISTORIQUE

SUR

LES DIVERSES ESPÈCES DE MONNAIE

QUI ONT ÉTÉ USITÉES EN CORÉE

NOTE HISTORIQUE

SUR

LES DIVERSES ESPÈCES DE MONNAIE

QUI ONT ÉTÉ USITÉES EN CORÉE

PAR

M. MAURICE COURANT

INTERPRÈTE DE LA LÉGATION DE FRANCE À PÉKING

EXTRAIT DU JOURNAL ASIATIQUE

PARIS

IMPRIMERIE NATIONALE

M DCCC XCIII

NOTE HISTORIQUE

SUR

LES DIVERSES ESPÈCES DE MONNAIE

QUI ONT ÉTÉ USITÉES EN CORÉE.

Je n'ai l'intention, dans les lignes qui suivent, que de présenter un résumé chronologique de la question ; ces notes sont tirées du *Moun hen pi ko*, 文獻備考 (liv. 70), ouvrage en 40 volumes, qui forme 100 livres et a été compilé par divers fonctionnaires coréens, à la suite d'un décret du roi *Yeng tjong*, 英宗, de 1770.

I

D'après le *Oen hien thong khao*, 文獻通考, de *Ma Toan lin*, 馬端臨, cité par le *Moun hen pi ko*, le royaume de *Ko kou rye*, 高句麗, bien que possédant du cuivre dans son sol, ne fondait pas de sa pèques ; celles qui venaient de Chine étaient conservées comme objets rares, parfois enfouies dans les tombeaux, et n'avaient pas d'autre usage. Ce n'est

qu'après la période *Tchhong ning*, 崇寧 (1102-
1106), que les habitants de la péninsule apprirent à
fondre de la monnaie; ils eurent alors des sapèques
de trois sortes, avec les légendes *Hăi tong htong po*,
海東通寶; *Hăi tong tjyoung po*, 海東重寶; *Sam
han htong po*, 三韓通寶.

Il faut remarquer que l'indication fournie ici par
le *Oen hien thong khao* ne saurait être complètement
exacte : la période *Tchhong ning*, en effet, est posté-
rieure à la chute du *Ko kou rye*, qui eut lieu en 668.
et il faut rapporter au seul royaume de *Ko rye*, 高麗
(918-1392), la seconde partie de la citation de *Ma
Toan lin*. De plus, la légende *Sam han htong po* ne
peut s'appliquer qu'à la réunion de toute la Corée
sous un même sceptre, et la péninsule n'a jamais
formé un état unique avant 668.

II

Le *Moun hen pi ko* ne donne pas de renseignements
sur le système monétaire en usage dans le *Ko kou rye*,
le *Păik tjyei*, 百濟, et le *Sin ra*, 新羅. Il est vraisemblable que le commerce consistait surtout en
échanges; la denrée la plus usuelle, le riz, servait
le plus fréquemment pour les trocs, et ce fait a laissé
des traces jusque dans la langue coréenne actuelle :
en coréen, celui qui porte du riz au marché *achète*
les objets qu'il rapporte, et celui qui va chercher du
riz est appelé *vendeur*.

En 1114, le Conseil des Finances, *Sam să*, 三司,

modifiant le prix de vente des principales étoffes,
c'est en riz qu'est fixée l'équivalence; l'emploi des
grains en place de monnaie a persisté jusqu'aujour-
d'hui, puisque l'impôt foncier, 租 稅, *tjo syei*, les
rachats des prestations, 大 同, *tai tong*, le rachat du
service militaire, 軍 役, *koun yek*, etc., sont payés en
riz ou en fèves.

La toile de chanvre, qui est d'un emploi si habi-
tuel en Corée, a aussi servi de valeur intermédiaire
pour le troc : cette coutume, d'après le rapport de
Pang Sä ryang, 房 士 瓦, au roi *Kong yang*, 恭 讓 王
(1389-1392), est originaire de *Kyeng tjyou*, 慶 州,
et de la région avoisinante, c'est-à-dire de l'ancien
royaume de *Sin ra*. Par la suite, il est vrai, la toile
a été soumise à une réglementation spéciale et est
devenue une véritable monnaie, mais en même temps,
la toile ordinaire, fabriquée pour l'usage, servait à
payer certains impôts, celui du rachat du service militaire, 步 兵, *po pyeng*, par exemple, qui a longtemps
été acquitté de la sorte, bien après la suppression de
la toile-monnaie; aujourd'hui encore, plusieurs taxes
peuvent être payées en toile; la pièce est de 35 ou
40 pieds, 尺, *tchyek*, suivant les cas.

Le troc, encore fréquent aujourd'hui, semble
donc avoir été seul pratiqué depuis les origines de
la Corée jusqu'à une époque rapprochée de nous.
En effet, le *Moun hen pi ko* combat l'opinion accré-
ditée en Corée, d'après laquelle des sapèques, portant en caractères *li*, 隸, la légende *Tjyo syen htong
po*, 朝 鮮 通 寶, dateraient du royaume de *Tjyo syen*,

朝 鮮, de l'antique *Keui tjă*, 箕 子 (1122-1083 avant l'ère chrétienne) : à cette époque reculée, les caractères *li* n'étaient pas inventés ; de plus, les histoires écrites à l'époque du *Ko rye* ne mentionnent aucunement cette ancienne monnaie. Il est donc vraisemblable que ces sapèques datent du commencement de la dynastie actuelle, qui a été fondée en 1392 et sous laquelle la Corée a repris le nom de *Tjyo syen*.

III

C'est en 997 de notre ère, sous le règne de *Syeng tjong*, 成 宗, qu'on se servit pour la première fois de sapèques en fer, d'après les conseils du Secrétaire *Youn Koan*, 尹 瓘. En 1002, *Mok tjong*, 穆 宗, interdit d'employer la toile de chanvre comme valeur intermédiaire dans les échanges ; les boutiques où l'on vendait du vin et de la nourriture furent astreintes à se servir de sapèques ; le peuple resta libre d'échanger les produits du sol contre d'autres produits. Malgré ces mesures, la nouvelle monnaie se répandit lentement et c'est seulement en 1101 que le roi *Syouk tjong*, 肅 宗, sur la proposition du Conseil de la Monnaie, 鑄 錢 都 監, *Tjou tjyen to kam*, fit des prières pour annoncer à ses ancêtres que l'usage des sapèques se répandait chaque jour et était profitable au peuple. La même année, le roi autorisa la fonte de bouteilles d'argent à large embouchure, 闊 口 銀 瓶, *koal kou eun pyeng*, appelées communément *hoal* (pour *koal*) *kou*, 闊 口 ; ces bouteilles, devant servir de mon-

naie précieuse, étaient en argent pur, pesaient une
livre, 斤, *keun*, et étaient frappées d'un sceau offi-
ciel; à plusieurs reprises, des décrets interdirent de
mélanger ni cuivre ni autre alliage à l'argent des bouteilles. En 1102, 15,000 tiaos[1], 貫, *koan*, de sapèques
furent fondus et distribués aux fonctionnaires pour
payer leurs appointements; la légende de ces sapèques
était *Hăi tong htong po*, 海 東 通 寶; des prières furent
dites au Temple des Ancêtres comme l'année précé-
dente; des boutiques (de changeurs?) furent établies
dans toutes les rues pour répandre l'usage de la monnaie. En 1104, des mesures analogues furent prises
dans les districts.

Mais ces innovations n'allaient pas sans résistances
et, en 1105, plusieurs fonctionnaires représentèrent
au roi *Yei tjong*, 睿宗, qui venait de monter sur le
trône, les inconvénients du nouveau système que le
peuple refusait d'adopter : le roi ne tint pas compte
de ces remontrances. Des sapèques continuèrent à
être fondues et un rapport, présenté au roi *Kong
yang* par le Grand Conseil Général des Délibérations,
都 評 議 使 司, *To hpyeng eui să să*, mentionne, comme
anciennes monnaies coréennes, des sapèques portant les légendes : *Tong kouk htong po*, 東 國 通 寶;
Tong kouk tjyoung po, 東 國 重 寶; *Hăi tong htong po*,
海 東 通 寶; *Hăi tong tjyoung po*, 海 東 重 寶; *Sam
han tjyoung po*, 三 韓 重 寶. Cependant une délibé-

---

[1] Le *tiao*, 吊, vaut 1,000 sapèques. 貫, *koan*, synonyme de
tiao, est le caractère employé dans le texte coréen pour désigner le
tiao.

ration des Maîtres des Remontrances, 諫官, *Han koan*, sous le règne de *Kong min*, 恭愍王 (1351-1374), constate l'opposition que le peuple faisait encore à l'emploi des sapèques. Cette opposition s'explique d'ailleurs facilement, si, comme le dit *Ryou Hyeng ouen*, 柳馨遠, auteur du xviie siècle, le gouvernement voulait faire circuler les sapèques, sans les recevoir, lorsqu'il percevait les impôts.

Pendant le xiie siècle et la première partie du xiiie, la toile de chanvre avait continué d'être employée comme valeur intermédiaire des échanges, malgré l'interdiction qui en avait été faite; cependant les défenses se relâchèrent peu à peu; en 1357 (丁酉, *tyeng you*, date citée par un rapport des Maîtres des Remontrances au roi *Kong min*), on décida d'apposer un sceau sur les pièces de toile pour leur donner cours légal; la circulation de pièces non scellées fut dès lors d'autant plus sévèrement réprimée.

Les bouteilles d'argent paraissent avoir joui, pendant cette période, de la faveur du public et de celle du gouvernement. En 1289, on reconnut officiellement deux sortes de ces bouteilles, les unes valant 14 pièces de toile, les autres 8 ou 9 pièces. En 1331, on mit en circulation des bouteilles d'un format plus petit, chacune valant 15 pièces de toile à cinq fils, 五綜布, *o tjong hpo;* les anciennes bouteilles furent retirées de la circulation. Une délibération des Maîtres des Remontrances, prise sous *Kong min*, nous apprend qu'on se servait aussi, comme monnaie, de fragments d'argent; cette coutume donnait lieu à de nombreux inconvénients : les délibérants proposaient de revenir au système des bouteilles pesant une livre ; ils demandaient aussi que le gouvernement fondît lui-même des sapèques en argent, 銀錢, *eun tjyen*, dont la valeur serait marquée d'après le poids, une once, 兩, *ryang*, d'argent fin valant alors 8 pièces de toile. Le *Moun hen pi ko* n'ajoute pas ce qui advint de cette réforme ; comme il n'en est pas question ultérieurement, il est vraisemblable qu'on ne donna pas suite au projet.

D'autre part, en 1287, les *Yuen*, 元, qui régnaient en Chine, ordonnèrent par un édit que les billets de banque chinois eussent cours en Corée : un *koan*, 貫 (série), de billets portant la légende *Tchi yuen pao tchhao*, 至元寶鈔, valut cinq *koan* de billets *Tchong thong pao tchhao*, 中統寶鈔. En 1390, les sapèques des *Ming*, 明, qui étaient admises en Corée, furent évaluées officiellement à 1,000 sapèques pour 5 pièces de chanvre.

IV

A cette époque, la confusion monétaire était donc considérable : on se servait pour le commerce, concurremment et en conformité ou en opposition avec les décrets royaux, de riz, de toile en pièces scellées ou non scellées, de bouteilles d'argent, de fragments d'argent, de sapèques coréennes de cinq types différents, de sapèques chinoises et de billets chinois de deux types. Le dernier roi de la dynastie de *Ko rye*, *Kong yang*, se préoccupa de cette situation et des

rapports lui furent présentés à ce sujet : les Maîtres
des Remontrances condamnaient la toile-monnaie,
comme étant d'un usage incommode et trop sujette
à se gâter ; d'ailleurs la toile que l'on fabriquait pour
servir de monnaie était très grossière, par suite de
la négligence qui s'était introduite peu à peu dans la
fabrication, et impropre à tout usage. Il fallait donc
renoncer à ce système. Un rapport de *Pang Să ryang*
et un rapport des Maîtres des Remontrances, présentés au roi à la même époque, concluent à l'éta-
blissement d'une monnaie en papier de mûrier,
楮 貨, *tjye hoa*, imitée des billets, *hoei tseu*, 會 子,
de la dynastie des *Song*, 宋, et de ceux, *pao tchhao*,
寶 鈔, qui avaient eu cours sous les *Yuen*. Cette réforme fut adoptée et l'on en commença l'application ;
mais, en 1392, *Sim Tek pou*, 沈 德 符, adressa des
représentations au roi, qui suspendit l'exécution de
ce plan et fit brûler les planches destinées à l'impres-
sion du papier-monnaie.

L'idée fut reprise par la dynastie nouvelle et,
en 1401, le roi *Htai tjong*, 太 宗, chargea le Grand
Conseiller *Ha Ryoun*, 河 崙, de la confection du
papier-monnaie ; un édit fut rendu pour en prescrire
l'usage au peuple. En 1408, à la suite d'un rapport
du Grand Censeur, *Nam Tjăi*, 南 在, le roi interdit
l'usage des bouteilles d'argent. *Sin Keum*, 申 欽, qui
vivait au XVIe siècle, explique ainsi les motifs de cette
défense : à la fin du *Ko rye*, l'on commença à envoyer
de l'argent comme tribut en Chine ; mais l'exploitation des mines était très onéreuse pour le peuple,

qui mourait de faim dans les districts miniers; le roi obtint de remplacer l'argent du tribut par d'autres produits du sol et les mines furent fermées; le travail ne continua qu'aux mines de *Tan tchyen*, 端川, (prov. de *Ham kyeng*, 咸鏡). Ce n'est qu'après 1592, par suite des rapports plus fréquents avec la Chine et le Japon, que l'argent rentra un peu en usage[1].

En 1446, d'après le *Moun hen pi ko*, la seule monnaie en usage était la toile de coton[2], 綿布, *myen hpo*, par pièces de 35 pieds de long sur 7 pouces, 寸, *tchon*, de large; cette toile était dite à 400 fils, 五升, *o seung*. Mais cette affirmation est contraire aux indications ci-dessus qui sont fournies par le même ouvrage; elle ne concorde pas non plus avec les Statuts relatifs au Gouvernement, 經國大典, *Kyeng kouk tai tyen*, qui datent de 1469; d'après ces statuts, les monnaies en cours étaient le papier et la toile de chanvre; une pièce de toile réglementaire, 正布, *tjyeng hpo*, valait 2 pièces de toile ordinaire, 常布, *syang hpo*; une pièce de celle-ci valait 20 feuilles de papier-monnaie; une feuille de papier-monnaie valait un litron de riz, 米一升, *mi*

---

[1] Cependant, en 1602, le travail dans les mines fut interdit de nouveau, de peur que l'abondance des métaux précieux n'excitât l'envie des pays voisins. C'est seulement à partir de 1651 que l'on trouve des décrets établissant des droits sur l'exploitation de l'or, de l'argent et du cuivre, et d'autres décrets fixant le prix de l'argent (400 sapèques l'once 兩, *ryang*; à partir de 1679, 200 sapèques l'once; en 1744, une once d'argent aux 0,7, 丁銀, *tyeng eun*, vaut 200 sapèques).

[2] Le coton a été introduit en Corée par *Moun Ik tjyen*, 文益漸, envoyé à la cour des *Yuen* en 1364.

il seung; il semble donc que le riz fût admis officiellement comme valeur intermédiaire d'échange.

Les Statuts fondamentaux, 1re suite, 續錄, *Syok
rok,* publiés en 1492, indiquent deux sortes de papier-monnaie : la feuille du papier dit marqué,
楮注紙, *tjye tjou tji,* avait 1 pied 6 pouces de long
sur 1 pied 4 pouces de large; la feuille de papier
dit ordinaire, 楮常紙, *tjye syang tji,* avait 1 pied
1 pouce de long sur 1 pied de large.

V

En 1593, la Cour délibéra sur l'opportunité d'une
réforme de la monnaie; deux des Grands Conseillers
étaient d'avis de fondre des sapèques; mais l'opinion
contraire, soutenue par le Grand Conseiller de droite,
Ryou Yeng kyeng, 柳永慶, l'emporta. Quarante ans
plus tard (1633), sur l'avis du Ministre du Cens,
Kim Keui tjong, 金起宗, le Bureau ordinaire de l'Intendance des grains, 常平廳, *Syang hpyeng htyeng,*
reçut l'ordre de fondre des sapèques portant la légende *Syang hpyeng htong po,* 常平通寶; mais cette
nouvelle monnaie fut supprimée peu après.

A cette époque, *Kim Youk,* 金堉, qui fut Com-
mandant de la forteresse de *Kăi syeng,* 開城, fut
envoyé plusieurs fois à Péking et devint enfin Grand
Conseiller, s'intéressa spécialement à la question monétaire et s'efforça de faire mettre les sapèques en circulation. En 1636, il alla à Péking et il écrivit plus
tard que ce qu'il avait remarqué surtout en Chine,

c'était combien les sapèques et les voitures étaient commodes pour le peuple. A son retour, en 1644, il demanda au roi d'autoriser l'usage des sapèques : l'autorisation fut refusée. De nouveau en 1646, tandis qu'il commandait à *Kăi syeng*, il présenta un rapport au roi sur ce sujet : il y constate que, depuis 1583, l'usage des sapèques s'était introduit dans la circonscription de cette ville et qu'on s'en servait pour toutes les transactions ; les districts voisins, *Kang hoa*, 江 華, *Kyo tong*, 喬 桐, *Hpoung tan*, 豐 端, *Yen păik*, 延 白, suivaient cet exemple. Le fait noté par *Kim Youk* est intéressant, mais peu clair : en effet, le *Moun hen pi ko* ne parle de fabrication de sapèques, entre l'avènement de la dynastie actuelle et la date de 1583, que d'une façon hypothétique, lorsqu'il discute l'origine des sapèques portant la légende *Tjyo syen htong po* (voir § II) ; les sapèques en cours à *Kăi syeng* étaient donc ou de ces dernières, ou d'anciennes sapèques du *Ko rye*, ou des sapèques chinoises : je ne saurais décider quelle opinion est la plus vraisemblable ; il est, de plus, étrange que les sapèques eussent cours à moins de vingt lieues de la capitale, sans que cela fût connu du gouvernement. *Kim Youk* proposait de répandre la nouvelle monnaie dans les deux provinces de l'Ouest, 兩 西, *ryang sye* (probablement le *Hoang hăi*, 黃 海, ou *Hăi sye*, 海 西, et le *Hpyeng an*, 平 安, ou *Koan sye*, 關 西) : il n'était pas besoin, disait-il, de décrets ni d'ordonnances ; il suffisait de fondre des sapèques, de les mettre en circulation dans quelques districts et de déclarer qu'elles seraient reçues pour le payement des impôts et des amendes. Le roi refusa encore son assentiment.

Envoyé de nouveau en Chine en 1650, *Kim Youk* se servit des fonds qu'il avait économisés sur les frais de sa mission pour acheter 150,000 sapèques chinoises; et comme, à son retour, il apprit à *Eui tjyou*, 義州, que le roi *Hyo tjong*, 孝宗, avait interdit l'usage de la toile de chanvre et fait fondre des sapèques par la Division de l'École militaire, 訓 鍊 都 監, *Houn ryen to kam*, il distribua ses 150,000 sapèques dans les districts qu'il traversa jusqu'à Seoul (1651). La même année, il entra au Grand Conseil et continua de s'occuper de la question monétaire : il rappelait les essais antérieurs des provinces du Nord-Ouest et ceux qui avaient été faits au *Kyeng syang*, 慶 尙, par le Gouverneur de cette province, *Kouen Ou pang*, 權擖方; il conseillait non seulement de fondre des sapèques, mais aussi d'acheter en Chine, à bas prix, des sapèques chinoises des périodes *Oan li*, 萬 曆, *Thien khi*, 天 啓, et *Tchhong tcheng*, 崇 禎, pour les mettre en circulation en Corée.

Mais cinq ans plus tard (1656), les sapèques furent supprimées, à la suite d'un rapport de *Ri Si pang*, prince de *Yen syeng*, 延 城 君 李 時 昉. Cette suppression dura vingt-deux ans, mais elle fut la dernière.

VI

En 1678, le grand conseiller *He Tjyek*, 許 積, remarquant que l'argent tendait à devenir une valeur intermédiaire d'échange et trouvant ce fait fâcheux, à cause de la rareté de ce métal en Corée, proposa de remettre les sapèques en circulation; le Grand Conseiller de gauche, *Kouen Taioun*, 權大運, appuya cette proposition de l'exemple de *Syong to*, 松都 (ou *Kăi syeng*), et des districts voisins. Le roi *Syouk tjong*, 肅宗, donna son consentement et les sapèques furent fondues par le Ministère du Cens, 戶曹, *Ho tjo*, par le Bureau ordinaire de l'Intendance des grains, 常平廳, *Syang hpyeng htyeng*, par les Bureaux des dégrèvements et distributions, 賑恤廳, *Tjin syoul htyeng*, de l'apurement (?), 精抄廳, *Tjyeng tchyo htyeng*, par le Conseil des écuries, 司僕寺, *Să pok si*, le Camp royal, 御營廳, *E yeng htyeng*, la Division de l'École militaire, 訓鍊都監, *Houn ryen to kam*, et, en province, par les camps des gouverneurs, 監兵營, *Kam pyeng yeng*, de *Hpyeng an*, 平安, et de *Tjyen ra*, 全羅. La fabrication privée fut sévèrement interdite.

Un décret de l'année suivante nous apprend que la fonte des sapèques, souvent entravée par le manque du cuivre et des autres métaux, ne suffisait pas à la circulation. En 1680, le taux du change de l'argent en sapèques fut laissé libre. En 1683, on interdit de mettre dans l'alliage des sapèques des métaux de mauvaise qualité. Dès lors, il n'y a plus guère à noter que des décrets autorisant la fonte de sapèques par telle administration ou telle province :

1685, par le Ministère des Travaux, 工曹, *Kong tjo*;

1691, par la préfecture de *Kăi syeng*, 開城府, en 20 fourneaux au plus;

1693, par le Bureau ordinaire, la Division de l'École militaire, le camp de *Tchong young*, 摠戎廳;

1695, par les provinces de *Hpyeng an*, *Kyeng syang*, *Tjyen ra*; pour le *Tchyoung tchyeng*, 忠清, le *Hoang hăi* et le *Kang ouen*, 江原, les sapèques furent fondues par le Bureau des dégrèvements;

1724, par le Ministère du Cens;

1731, par les trois provinces du Sud, 三南, *Sam nam* (*Kyeng syang*, *Tjyen ra*, *Tchyoung tchyeng*);

1742, à *Ham heung*, 咸興 (prov. de *Ham kyeng*, 咸鏡);

1750, par le Ministère du Cens, l'Intendance des grains, 宣惠廳, *Syen hyei htyeng*, et les trois maréchaux(?), 三軍門, *Sam koun moun*;

1757, par le camp de *Tchong young*.

VII

L'introduction des sapèques amena un plus grand mouvement d'argent et facilita les emprunts; pour obvier à l'appauvrissement du peuple, le taux maximum de l'intérêt dut être réduit en 1695, sur la proposition du Grand Conseiller, *Tchoi Syek tyeng*, 崔錫鼎; il fut dès lors à 20 p. o/o pour 6 mois pour les prêts d'argent; il resta à 50 p. o/o pour 6 mois pour les prêts de grains.

D'autre part, la Cour, craignant que les sapèques coréennes n'excitassent l'envie des peuples voisins, interdit de s'en servir pour le commerce qui se faisait à *Pou san*, 釜 山, avec les Japonais (1701); l'usage des sapèques fut aussi défendu au nord de *Tan tchyen*, 端 川 (prov. de *Ham kyeng*), et, pour la province de *Hpyeng an*, dans les sept districts de *Eui tjyou*, 義 州, *Kang kyei*, 江 界, *Ri san*, 理 山, *Tchyang syeng*, 昌 城, *Sak tjyou*, 朔 州, *Oui ouen*, 渭 原, et *Pyek tong*, 碧 潼 (Statuts de 1744, 續 大 典, *Syok tai tyen*, cités par le *Moun hen pi ko*).

La nouvelle édition des Statuts fondamentaux, 續 大 典, *Syok tai tyen*, qui date de 1744, nous apprend que le papier-monnaie, encore en circulation au commencement du xvie siècle, a été remplacé par la toile de coton ordinaire, 常 木 綿 布, *Syang mok myen hpo*, et que celle-ci a fait place aux sapèques; mais la date de la disparition du papier-monnaie n'est pas indiquée. Bien que la toile de coton ne puisse servir à acquitter les impôts, qui sont payés les uns en grain, les autres en toile de chanvre, les autres en sapèques, cependant le prix en est fixé légalement à deux ligatures la pièce (Statuts de 1744, cités par le *Moun hen pi ko*).

Les sapèques portent, comme je l'ai dit plus haut, la légende *Syang hpyeng htong po*, 常 平 通 寶; chaque sapèque pèse 0,25 d'once, 二 錢 五 分, *i tjyen o poun*; 100 sapèques forment une ligature, 兩, *ryang*: 10 ligatures forment un tiao ou *koan*, 貫. L'alliage des sapèques se compose de laiton, 鍮, *htou*, cuivre, 銅, *tong*, étain blanc (?), 鑞, *rap*, étain (?), 錫, *syek*, métaux désignés sous le nom générique de fers fins,

精鐵, *tyeng htyel*; il est interdit d'y joindre du plomb, 鉛鐵, *yen htyel*. Cet alliage comprenait d'abord 17 parties de *heuk kol*, 黑骨, et 15 de *păik kol*, 白骨; la proportion est devenue 14 de *heuk kol* et 12 de *păik kol* : le *Moun hen pi ko* n'indique pas le sens des expressions *heuk kol* et *păik kol*.

Sur l'histoire de la monnaie depuis 1770, j'ai pu recueillir oralement les renseignements suivants :

En 1881, le gouvernement substitua à l'ancienne sapèque une pièce de monnaie un peu plus grosse et représentant 5 sapèques, 當五, *tang o;* les nouvelles sapèques eurent cours à la Capitale, dans la province de *Kyeng keui*, 京畿, et dans une partie du *Kang ouen* et du *Tchyoung tchyeng* où elles sont encore en usage, mais ne furent jamais acceptées dans le reste de la Corée. Vers la même époque, on essaya, sans succès, de mettre en circulation une pièce d'argent de la forme d'une sapèque et ornée d'émail bleu.

Enfin, en décembre 1891, on a décidé de frapper des piastres coréennes, chacune valant 5 ligatures de 100 sapèques, sans distinction entre les petites et les grosses sapèques; on a parlé aussi de faire du papier-monnaie : j'ignore quelle suite a été donnée à ces projets.

VIII

Il est remarquable qu'il ait fallu près de sept siècles pour que la circulation des sapèques s'établît d'une

façon incontestée et fit disparaître la toile-monnaie,
le papier, le grain et autres valeurs intermédiaires
aussi incommodes; pendant cette longue période, ce
n'a été, dans le gouvernement, que propositions ten-
dant à la réforme monétaire, discussions, commence-
ments d'application, retraits des mesures prises; les
sapèques mises en circulation étaient, d'après les
conseillers, cause de tous les maux du peuple et leur
absence, d'après ceux qui succédaient, avait les effets
les plus funestes : pour les uns, elles appauvrissaient
encore les pauvres gens; pour les autres, elles atti-
raient l'envie des peuples voisins, en leur montrant
la richesse de la Corée. Elles amenaient la famine,
l'extraction des métaux pour la fonte de la monnaie
détournant les laboureurs de l'agriculture, et, en
même temps, le danger du système monétaire consistait en ce que les sapèques étaient faites de cuivre
et d'étain et que le cuivre et l'étain ne se trouvaient
pas dans le sol coréen. Ceux qui faisaient cette ob-
jection oubliaient, comme le fait remarquer *Ryou
Hyeng ouen* que j'ai cité plus haut, qu'il n'est pas de
pauvre maison qui n'ait quelques bols, tasses, cuillers
en laiton, ni de bonzerie qui ne possède de nombreux
brûle-parfums, tamtams et cloches en laiton ou en
bronze. Sous l'influence de cette idée, on interdisait
au peuple l'usage des ustensiles en cuivre, puisque,
disait-on, ce métal était rare, précieux et venait de
l'étranger; et de même, après avoir suspendu l'exploitation des mines d'argent et d'or, par crainte des
Chinois et des Japonais, d'autres affirmaient que, ces

métaux n'existant pas en Corée, il fallait défendre à tous de s'en servir.

Toutes ces objections et discussions se détruisaient entre elles : mais il a fallu encore tout le dévouement de *Kim Youk* à la réforme monétaire et la volonté de *Syouk tjong*, l'un des rois les plus énergiques qui aient régné en Corée, pour que la sapèque triomphât enfin.

Il est facile de s'imaginer, d'autre part, quel désordre économique et commercial est résulté de cette longue crise; et l'on peut remarquer que, si l'usage des bouteilles et des fragments d'argent, à la fin de la dynastie de *Ko rye*, est l'indice d'une certaine activité commerciale et permet de conclure à l'importance relative des transactions, le commerce coréen à l'intérieur, se contentant actuellement d'une monnaie aussi encombrante et d'aussi peu de valeur que la sapèque, ne recourant que peu à l'argent en lingots comme valeur intermédiaire, doit être moins prospère qu'il y a cinq siècles; peut-être est-il permis de croire que les continuels changements de la monnaie ne sont pas étrangers à l'état actuel des choses.

On peut enfin se demander si la Corée, qui possède la sapèque depuis deux siècles et où viennent encore d'avoir lieu les fluctuations monétaires dont j'ai parlé, est bien prête pour les réformes aujourd'hui en question : ne faut-il pas voir dans ces projets nouveaux et ces nouvelles discussions seulement le pendant des stériles controverses qui se sont agitées durant les siècles passés?

IX

APPENDICE

DESCRIPTION DE SIX SAPÈQUES CORÉENNES.

1re, 2e, 3e, métal jaune ; très grossièrement fondues ;
relief des caractères insensible, fond et bords granuleux, tranche irrégulière. — Provenance : Seoul.

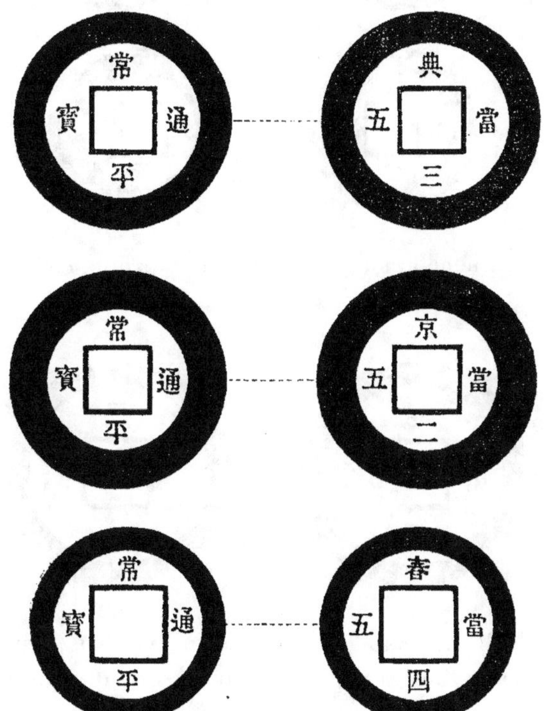

4°, 5°, métal analogue, relief insensible, fond et bords granuleux, tranche irrégulière. — Provenance : Hpyeng yang, 平壤.

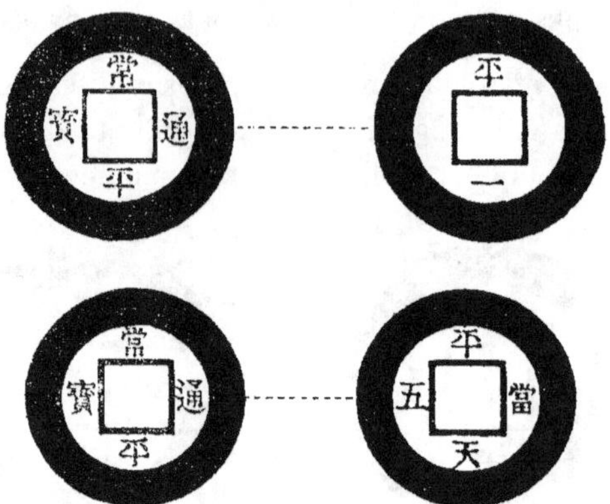

6°, métal analogue, relief plus prononcé, bords unis. — Provenance : Pou san, 釜山.

N. B. Les caractères numériques coréens, qui sont au revers des sapèques, en bas, sont des numéros d'ordre variables.